Dieses Buch gehört:

WAS IST WAS Erstes LESEN

Christina Braun

Regenwald

TESSLOFF

Hallo!

Ich bin Toni, der Tukan.
Meine Heimat ist der Regenwald
in Südamerika. Doch Regenwälder
gibt es nicht nur dort. Du findest sie an
verschiedenen Orten der Welt.
Im Regenwald gibt es unheimlich viele
Tiere und Pflanzen. Ich kann dir
eine Menge über sie erzählen.
Bist du bereit für ein Abenteuer?
Dann komm mit in den
Regenwald!

Inhalt

Rund um den Regenwald

Überall grün

Auf dem Weg durch den Wald
ist rundherum alles grün.
Überall wachsen Pflanzen.
Sie reichen vom Boden bis hoch hinauf
zu den Wipfeln der Baumriesen.
Die Tiere sind hier gut getarnt.
Auf den ersten Blick kann man sie
nur schwer erkennen.

Je tiefer man in den Regenwald hineingeht,
desto dunkler wird es.
Die Bäume fangen das Sonnenlicht
schon oben in den Baumkronen ab.
Mindestens einmal am Tag regnet es.
Daher hat der Regenwald seinen Namen.

In den Regenwäldern wachsen überall dichte, immergrüne Pflanzen.

Siehst du den Leguan?
Zwischen den Blättern
ist er gut getarnt.

Ist der Regenwald ein Urwald?

Regenwälder und Urwälder
sind nicht das Gleiche.
Ein Urwald ist ein Wald,
der natürlich gewachsen ist.
Er wurde nicht von Menschen
gestaltet oder gestört.

In den tropischen Regenwäldern
gibt es noch viele Flächen
mit unberührten Urwäldern.

Auch in Deutschland
gab es früher einmal Urwälder.
Mit der Zeit hat aber der Mensch
überall in die Natur eingegriffen.

Wo liegen die Regenwälder?

Regenwälder findet man
rund um den Äquator.
Der Äquator ist eine gedachte Linie,
die die Erde in zwei Hälften teilt.

Die Regenwälder ziehen sich
wie ein grüner Gürtel
um die Erde herum.
Hier ist es das ganze Jahr über
sehr warm.

Die Sonne und der Regen

Am Äquator scheint die Sonne
mindestens zwölf Stunden am Tag.
Die Sonnenstrahlen treffen hier
fast immer senkrecht auf die Erde.

Die Sonne spielt im Regenwald
eine wichtige Rolle.
Sie bringt einen Kreislauf in Gang,
der für den täglichen Regen sorgt.

Die Hitze bringt die Bäume zum Schwitzen.
Sie geben Wasser über die Blätter ab.
Das Wasser verdunstet
und steigt mit der warmen Luft auf.
In den höheren Luftschichten
kühlt die Luft ab.
Es bilden sich Wolken.

Im Regenwald
bilden sich
dichte Wolken.

Die Wolken sind
zu schwer geworden.
Es regnet im Regenwald.

Jeden Tag ein Schauer!

Die warme Luft steigt über dem Äquator auf. Gleichzeitig fließt kühle, feuchte Luft von den Ozeanen nach. So entsteht ein Kreislauf aus Luft und Wasser.

Die aufgestiegenen Wolken tragen so viel Wasser in sich, dass es täglich über den Wäldern regnet. Meistens regnet es jeden Tag zur gleichen Zeit.

Hast du gewusst ...

... dass ein einzelner Baum im Regenwald bis zu 1 000 Liter Wasser am Tag über seine Blätter abgibt?

Orchideen haben
im Regenwald
perfekte Bedingungen
zum Wachsen.

Immergrüne Bäume

Im Regenwald ist es jeden Tag feucht und warm. Es gibt dort keine Jahreszeiten wie bei uns.

Die Pflanzen wachsen und blühen das ganze Jahr über. Die Bäume werfen ihre Blätter nicht ab wie bei uns im Herbst. Sie müssen kein Wasser sparen.

Die Raupe
lässt sich die
grünen Blätter
schmecken.

Der Boden im Regenwald hat aber nur wenig Nährstoffe. Denn es fehlt das Laub, das Tiere, Pilze und Bakterien sonst zu neuer Erde verarbeiten.

Viele kleine Bewohner

Die immergrünen Pflanzen
sind das Zuhause
von unglaublich vielen Tieren.
Forscher meinen,
dass die Hälfte aller Tierarten der Welt
in den Regenwäldern lebt.
Die meisten von ihnen
sind Insekten.

Der Morphofalter hat
leuchtend blaue Flügel.
Er wird auch Himmelsfalter
genannt.

Viele der Tierarten im Regenwald
haben Forscher
noch gar nicht entdeckt.
Denn in den riesigen Wäldern
können die Tiere gut versteckt leben.

Die grüne Lunge der Erde

Die Regenwälder sind nicht nur Lebensraum für Tiere und Pflanzen. Auch für uns sind sie sehr wichtig.

Sie liefern uns Sauerstoff zum Atmen. Außerdem filtern sie große Mengen schädliches Kohlendioxid aus der Luft. Darum nennen wir die Regenwälder auch die grüne Lunge unserer Erde.

Wie alle grünen Pflanzen betreiben die Bäume des Regenwalds Fotosynthese. Aus Sonnenlicht, Wasser und Kohlendioxid stellen sie Sauerstoff und Zucker her.

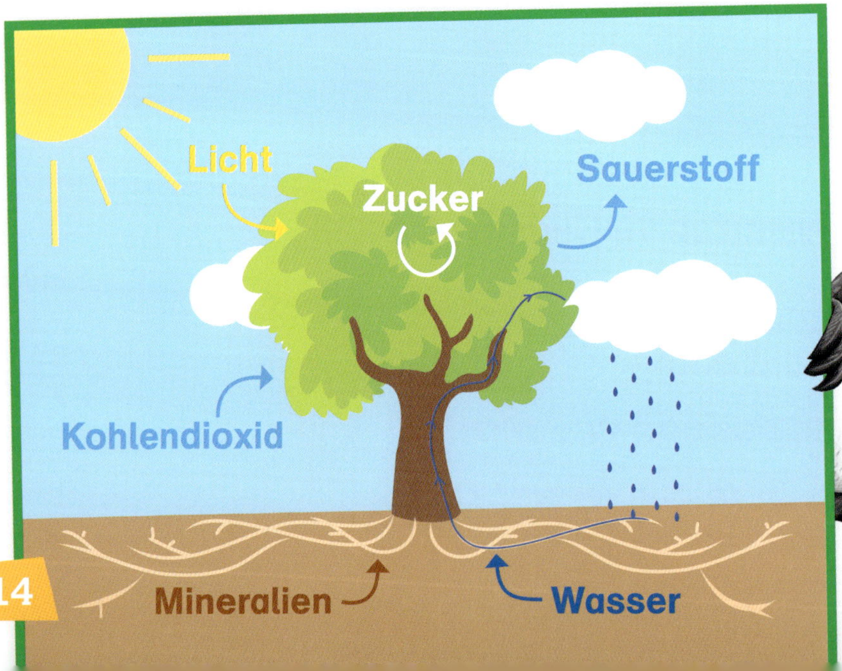

Wie ein blaues Band
fließt der Amazonas
durch den Regenwald.

Der größte Regenwald der Welt

Alle Regenwälder zusammen
produzieren etwa die Hälfte
des weltweiten Sauerstoffs.

Der Amazonas-Regenwald ist der größte von ihnen.
Er liegt in Südamerika
rund um den riesigen Fluss Amazonas.

Der Amazonas-Regenwald ist so groß
wie alle anderen Regenwälder zusammen.
Und sogar 15-mal größer als Deutschland!

Viel, viel Wasser

Hier geben die Bäume jeden Tag
etwa 20 Milliarden Tonnen Wasser
in die Atmosphäre der Erde ab.
Dieses Wasser sorgt mit dafür,
dass der Regenwald und andere Teile
der Erde nicht austrocknen.

Jeder Regenwald ist anders

Die Regenwälder auf der Welt haben zwar viel gemeinsam. Doch es gibt auch Unterschiede. In den verschiedenen Regenwäldern sind ganz unterschiedliche Tiere und Pflanzen zu Hause.

Mittel- und Südamerika

In Südamerika wächst der üppige Regenwald rund um den Amazonas und seine vielen Nebenflüsse. Hier gibt es Flussdelfine, Krokodile und Piranhas. Der kleine Rotaugenlaubfrosch lebt nur in den Regenwäldern Mittelamerikas.

Rotaugenlaubfrosch

Im Amazonas leben Kaimane. Sie gehören zu den Krokodilen.

Berggorilla

In Afrika leben die letzten Berggorillas in freier Wildbahn.

Afrika

Hier gibt es große Nebelbergwälder.
Sie entstehen in den tropischen Bergen
ab etwa 1 800 Metern Höhe.
Tagsüber ist es heiß.
Nachts können die Temperaturen
bis auf den Gefrierpunkt sinken.
In der feuchtkalten Luft
bilden sich dann
dicke Nebelschwaden.

Madagaskar

Auf dieser Insel gibt es wenige,
eher kleine Säugetiere.
Das seltsame Fingertier
und die kleinen Lemuren
leben nur hier.

Lemur

Fingertier

Orang-Utan

Orang-Utan-Mütter kümmern sich sehr liebevoll um ihre Babys.

Südostasien

Die Regenwälder Asiens bieten die größte Vielfalt an Bewohnern. Nur auf den Inseln Borneo und Sumatra leben Orang-Utans in freier Natur. In Indochina entdecken Forscher jedes Jahr neue Tierarten.

Australien

Hier kommen Regenwälder nur im Nordosten vor. Typisch für das Land sind die großen Baumfarne. In Australien leben Beuteltiere, wie zum Beispiel das Baumkänguru.

Baumkänguru

Baumfarne

Tonis Lesequiz

1 Woher hat der Regenwald seinen Namen?

a) Es regnet hier den ganzen Tag.

b) Es regnet hier mindestens einmal am Tag.

c) Durch ihn fließt der Fluss Regen.

2 Wo liegen die Regenwälder?

a) Am Nordpol.

b) Am Südpol.

c) Rund um den Äquator.

3 Was können die Pflanzen im Regenwald herstellen?

a) Sauerstoff

b) Kohlendioxid

c) Diamanten

Lösung: 1b), 2c), 3a)

Der Regenwald als Lebensraum

Leben auf mehreren Stockwerken

Den Regenwald kannst du dir wie ein Haus mit vier Stockwerken vorstellen.
Auf jedem Stockwerk sieht es ein wenig anders aus.
Und es leben unterschiedliche Tiere dort.
Die Stockwerke sind aber nicht streng voneinander getrennt.

Sumatra-Tiger

Erdgeschoss (0–10 m)

Hier wachsen vor allem kleine Sträucher und niedrige Büsche.
Es fällt nur wenig Sonnenlicht auf den Boden.
Deshalb gibt es dort nur wenige Pflanzen.

Jaguar

Ara

Dachgeschoss (40–60 m)

Hoch oben in den Wipfeln der größten Baumriesen ist nicht viel los. Die Bäume schwanken stark im Wind. Tagsüber ist es sehr heiß, nachts eher kalt.

Schmetterling

Obergeschoss (20–40 m)

In dieser Höhe flattert es wie auf einer Blumenwiese. Schmetterlinge und Insekten schwirren um die bunten Blüten herum. Hier ist es tagsüber sehr heiß.

Baumpython

Mittelgeschoss (10–20 m)

Hier findet man vor allem junge und niedrige Bäume. Es ist immer noch recht dunkel und die Luftfeuchtigkeit ist hoch.

Krabbeln auf dem Boden

Zwischen den niedrigen Sträuchern
findet man sehr viele Insekten
wie Termiten oder Käfer.
Sie zerkleinern herabfallende Pflanzenteile
und lockern den Boden auf.

Blattschneiderameisen schneiden
kleine Stücke aus den Blättern
und tragen sie in den Ameisenbau.
Mit den Blättern züchten sie Pilze.
Im Ameisennest wachsen die Pilze heran.
Sie dienen den Tierchen als Nahrung.

Blattschneiderameisen können das Zehnfache ihres eigenen Gewichts tragen.

Flachlandtapir

Tapire gehen auch mal schwimmen.

Kleine Pflanzenfresser

Am Boden des Regenwalds
leben viele eher kleine
Säugetiere.
Unter den niedrigen Sträuchern
können sie sich gut fortbewegen.

Der Tapir hat einen kurzen Rüssel.
Damit zupft er Blätter von den Zweigen.
In der Nacht geht er auf Nahrungssuche.
Tagsüber schläft er.

Der Kasuar ist ein Laufvogel,
der nicht fliegen kann.
Mit seinem Schnabel frisst er
die leckeren Früchte des Regenwalds.
Auf seinem Kopf hat er ein Horn,
das aussieht wie ein Helm.

Der Kasuar lebt in Australien und Neuguinea.

Ein Wasserschwein kann bis zu 70 Kilogramm schwer werden.

Schwimmende Nager

Wasserschweine sind
die größten Nagetiere der Welt.
Sie sind mit den Meerschweinchen verwandt.

Sie können rennen, schwimmen, tauchen
und bei Gefahr sogar bellen.
Tagsüber liegen sie meist im Wasser.
Zum Schlafen gehen sie an Land.
Schon die Jungen können
von Anfang an schwimmen.

Die großen Nager können
ihre Nahrung nur schwer verdauen.
Daher fressen sie ihren eigenen Kot
einfach noch einmal auf.
So holen sie alle Nährstoffe
aus der Nahrung heraus.

Gut gepanzert

Zwischen den Sträuchern
des südamerikanischen Regenwalds
geht ein gepanzertes Tier auf die Jagd.
Es ist das Gürteltier.

Sein Panzer besteht aus unzähligen
kleinen Knochenplättchen.
Bei Gefahr kann sich das Gürteltier
blitzschnell zusammenrollen.
Dann ist es durch seinen Panzer geschützt.

Das Gürteltier kann sehr gut riechen.
Mit seinen langen Krallen gräbt es
in der Erde nach Würmern und Insekten.

Das Gürteltier kann sich zu einer Kugel zusammenrollen.

Gürteltier

Im Blätterdach

In den Baumkronen des Regenwalds gibt es genug Nahrung für alle. Viele Tiere verstecken sich in den dichten Blättern vor ihren Fressfeinden.

Tarnen und täuschen

Manche Tiere tarnen sich, damit ihre Feinde sie nicht entdecken. Sie sind dann von ihrer Umgebung kaum zu unterscheiden. Andere ahmen das Aussehen giftiger Tiere nach, um nicht gefressen zu werden.

Bitte nicht fressen! So täuschen Raupe, Heuschrecke und Natter ihre Feinde.

Spannerraupe

ungiftige Natter

Blattheuschrecke

giftige Korallenschlange

Kolibris schlagen
so schnell mit ihren Flügeln,
dass sie in der Luft stehen.

Summen und flattern

Im Blätterdach des Regenwalds
sind die kleinen Kolibris unterwegs.
Sie trinken gern den Nektar
aus den Blüten der tropischen Pflanzen.
Auch die Insekten,
die dort nach Nahrung suchen,
sind Leckerbissen für sie.

Insekten und Vögel sind gut
für die Pflanzen des Regenwalds.
Denn sie bestäuben ihre Blüten.
Aus den Blüten wachsen Früchte heran.
Diese sind dann wieder Nahrung
für andere Vögel und Säugetiere.

Faultier

Ganz entspannt

Ist das Faultier wirklich faul?
Die meiste Zeit hängt es gemütlich
an einem Ast in den hohen Bäumen.
Es bewegt sich nur ganz langsam.
So spart das Faultier Energie,
und das hilft ihm beim Überleben.

Nur etwa einmal die Woche klettert
das Faultier vom Baum herunter.
Dann muss es aufs Klo.

Damit der Regen sein Fell nicht nass macht
und schnell wieder ablaufen kann,
hat das Faultier den Scheitel auf dem Bauch.

Frösche auf Bäumen

Blauer Baumsteiger

Im Regenwald leben sogar
Frösche auf Bäumen.
Sie heißen Baumsteigerfrösche.
Manche legen ihre Eier in Blätter,
die wie Trichter geformt sind.
Hier sammelt sich das Regenwasser –
perfekt für den Froschnachwuchs.

Giftige Hüpfer

Viele dieser kleinen Frösche
zählen zu den giftigsten Tieren der Welt.
Über ihre Haut schwitzen sie
ein tödliches Gift aus.
Einige Ureinwohner
reiben damit ihre Jagdpfeile ein.
Deshalb heißen die kleinen Tierchen
auch Pfeilgiftfrösche.

Achtung, giftig!
Das Erdbeerfröschchen
warnt seine Feinde
mit seiner roten Farbe.

Lauter Affen

In den Regenwäldern leben ganz unterschiedliche Affenarten. Manche Arten kommen nur an einem einzigen Ort der Welt vor.

Nasenaffen haben Schwimmhäute zwischen den Zehen und können sehr gut schwimmen. Manchmal springen sie direkt von den Bäumen ins Wasser. Nasenaffen leben nur auf der Insel Borneo in Asien.

Orang-Utan bedeutet Waldmensch auf Malaiisch, der Sprache in Malaysia. Die zotteligen Affen bauen sich Nester in den Baumkronen. Dort schlafen sie in der Nacht.

Lemuren findet man nur auf der Insel Madagaskar, die östlich von Afrika liegt. Es gibt weit über einhundert verschiedene Lemurenarten. Der **Indri** ist der Sänger unter den Lemuren. Sein Gesang schallt viele Kilometer weit durch den Regenwald.

Schimpansen leben im afrikanischen Regenwald. Von allen Affen sind sie uns am ähnlichsten. Sie leben in größeren Gruppen zusammen und verständigen sich mit Händen, Füßen und Lauten. Auch Gefühle können sie mit ihrem Gesichtsausdruck zeigen.

Gibbons sind in Südostasien zu Hause. Sie haben keinen Schwanz, dafür aber sehr lange Arme. Damit schwingen sie sich von Ast zu Ast. Mit einem einzigen Schwung können sie ganze drei Meter zurücklegen!

Die riesigen Überständer wachsen hoch hinaus.

Hoch über den Wipfeln

Aus den dichten Baumkronen ragen manchmal einzelne, hohe Bäume heraus. Man nennt sie auch Überständer. In diesen Baumriesen leben nur wenige Tiere. Denn hier kann es sehr windig werden und die Temperaturen schwanken stark.

Papageien und Tukane fliegen aber bis in die hohen Wipfel hinauf. Ihre Zehen sind nach vorn und nach hinten gebogen. So können sie sich gut an den Ästen festhalten.

Bunt und verspielt

Regenbogentukan

Der Regenbogentukan hat einen besonders schönen und großen Schnabel. Der sieht schwerer aus, als er ist. Denn er ist innen hohl.

Tukane sind sehr verspielt. In den hohen Bäumen suchen sie nach leckeren Früchten und Insekten. Mit ihren Schnäbeln werfen sie sich gegenseitig Beeren zu.

Der Tukan kann nicht so gut fliegen, denn seine Flügel sind recht kurz. Deshalb hüpft er lieber zwischen den Ästen umher.

Blautukan

Hast du gewusst ...

... dass der Tukan kein Papagei ist? Er gehört zu den Spechten und ist mit dem Buntspecht verwandt.

Im Team stärker

Um im Regenwald zu überleben,
tun sich manche Tiere und Pflanzen
zusammen.
Man nennt das auch Symbiose.

Der Paranussbaum ist ein Urwaldriese.
Fällt eine Nuss aus 60 Metern Höhe herunter,
wird sie von einem Nagetier geschnappt,
dem Aguti.
Nur seine Zähne sind scharf genug,
um die Paranüsse zu knacken.

Einige Nüsse vergräbt das Aguti als Vorrat.
Manchmal vergisst es aber ein Versteck.
Die Nuss beginnt zu keimen
und ein neuer Baum
kann wachsen.

Paranussbaum

Das Aguti und die Paranuss
sind ein perfektes Team.

Aguti

Mit seinem langen Schnabel trinkt der kleine Kolibri Nektar aus den Blüten.

Schwertschnabel-Kolibri

Beste Freunde

Manche Pflanzen und Tiere passen einfach perfekt zusammen. So wie der Schwertschnabel-Kolibri und die Engelstrompete. Nur der kleine Kolibri kann den Nektar der schönen Blume trinken. Denn nur sein Schnabel ist lang genug.

Ganz schön anstrengend!

Die Blüten der Bananenpflanzen haben nur wenig Nektar. Die Blütenfledermaus wird vom Saft einer Bananenpflanze nicht satt. Deshalb muss sie zu über 100 Blüten in der Nacht fliegen. So sorgt die Pflanze dafür, dass ihre Pollen überall verbreitet werden.

Bloß nicht umfallen!
Die Brettwurzeln machen
die riesigen Urwaldbäume
besonders stark und stabil.

Starke Wurzeln

Die gewaltigen Bäume des Regenwalds können über 60 Meter hoch werden. Das ist erstaunlich. Denn ihre Wurzeln reichen nur etwa 30 Zentimeter tief in den Boden.

Damit die Riesenbäume bei starkem Wind nicht umfallen, bilden sie sogenannte Brettwurzeln.

Brettwurzeln wachsen über dem Boden. Sie können bis zu zehn Meter hoch werden.

Partner unter der Erde

Alle Bäume müssen gut
mit Nährstoffen versorgt werden.
Besonders wenn sie so groß sind
wie die mächtigen Baumriesen.

Aber im Boden des Regenwalds
gibt es nicht viele Nährstoffe.
Deshalb verweben sich
die kurzen Wurzeln des Baumes
mit einem unterirdischen Pilz.
Der Pilz gibt dem Baum Nährstoffe ab.
Dafür bekommt er von ihm Zucker.

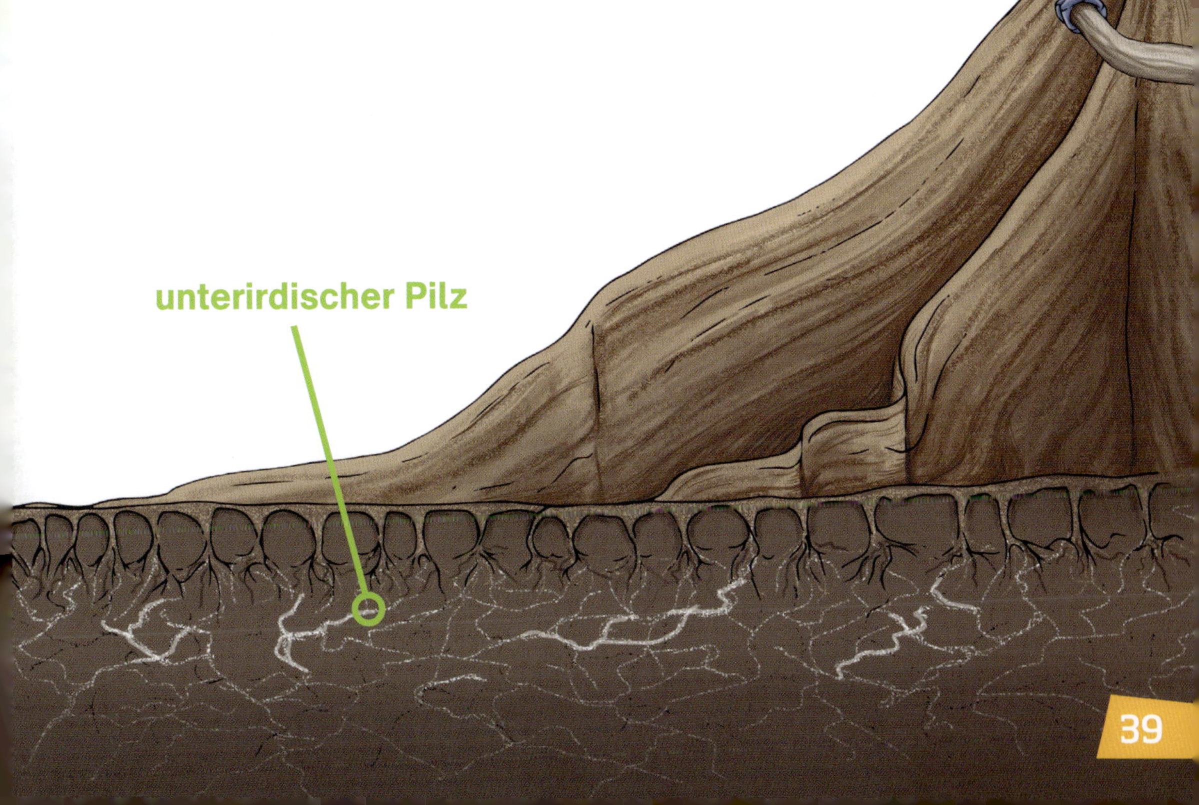

Die Ananas gehört zu den Bromelien.

Auf zum Licht

Die Pflanzen im Regenwald
lassen sich viel einfallen,
um ans Sonnenlicht zu gelangen.
So wie die Aufsitzerpflanzen.
Sie wachsen nicht auf dem Boden,
sondern direkt auf den hohen Bäumen.
So erhalten sie mehr Licht
und können sich gut
mit Nährstoffen und Wasser versorgen.

Diese Aufsitzerpflanzen
nennt man Epiphyten.
Das sprichst du so aus: Epifüten.
Es gibt über 28 000 verschiedene Arten.
Orchideen, Farne und Bromelien gehören dazu.

Bromelie

Orchidee

An einer Liane hangelt sich der Orang-Utan durch die Baumkronen.

Klettern von Baum zu Baum

Auch Kletterpflanzen wie die Lianen wollen dem Licht entgegenwachsen. Dafür benutzen sie die Bäume als Klettergerüst.

Nach und nach schlängeln sich die Lianen am Baumstamm nach oben. So sparen sie sich einen eigenen Stamm. Gleichzeitig spendet der Baum ihnen Schatten.

An den Schlingen der Lianen klettern und schwingen Affen gern von Baum zu Baum.

Die Würgefeige lässt dichte, lange Wurzeln um den Baum wachsen.

Würgefeige

Ganz schön gemein

Manche Aufsitzerpflanzen können für den Baum gefährlich werden. Wie zum Beispiel die Würgefeige. Hoch oben in der Krone eines Baumes beginnt sie zu wachsen. Dort bildet sie Wurzeln und lässt sie hinunter bis auf den Boden.

Mit der Zeit wird die Feige immer kräftiger. Schließlich ist sie so groß, dass sie dem Baum das Licht nimmt. Seine Wurzeln sterben ab. Die Würgefeige hat den Baum erwürgt.

Nährstoffe mal anders

Nur wenig Nährstoffe im Boden?
Den fleischfressenden Pflanzen
ist das ganz egal.
Sie ernähren sich von Insekten
und anderen kleineren Tieren.

Venusfliegenfalle

Die Venusfliegenfalle lockt
ihre Beute in eine Klappfalle.
Fliegt eine Fliege hinein,
klappt sie blitzschnell zu.
Dann wird das Insekt verdaut.

Kannenpflanzen sehen wie kleine Krüge aus.
Mit ihren Duftstoffen locken sie Insekten an.
Ist die Beute erst einmal in der Kanne,
kommt sie an den glatten Wänden
nicht mehr hinauf.

Kannenpflanze

Für die kleine Fledermaus
ist die Kannenpflanze
nicht gefährlich.

Rekorde aus dem Regenwald

Der kleinste Kolibri der Welt
ist die winzige Bienenelfe.
Sie wird nur bis zu
sechs Zentimeter groß
und wiegt ungefähr zwei Gramm.
Wie eine Biene bestäubt
die Bienenelfe die Pflanzen.
Dabei saugt sie den Nektar aus der Blüte.

Bienenelfe

Die größte Blüte weltweit findet man
im asiatischen Regenwald.
Die Rafflesia kann über einen Meter groß werden.
Allerdings stinkt sie ganz fürchterlich
nach verwesendem Fleisch.
Damit lockt sie Insekten an,
die sie bestäuben sollen.
Nach vier bis sieben Tagen zerfällt die Blüte
zu zähem, schwarzem Schleim.

Sie ist riesig und stinkt fürchterlich: die Rafflesia.

Tonis Lesequiz

1 Welche Tiere züchten Pilze in ihren Nestern?

a) Termiten

b) Tausendfüßer

c) Blattschneiderameisen

2 Welches Tier kann Paranüsse knacken?

a) Das Gürteltier.

b) Der Tapir.

c) Das Aguti.

3 Wie tötet die Würgefeige ihren Wirtsbaum?

a) Sie fällt ihn.

b) Sie nimmt ihm das Licht.

c) Sie frisst seine Wurzeln.

Lösung: 1c), 2c), 3b)

Der Regenwald und der Mensch

Dieses Dorf liegt mitten im Amazonas-Regenwald.

Menschen im Regenwald

Wenn du „Regenwald“ hörst,
denkst du bestimmt zuerst
an riesige Bäume und exotische Tiere.

Im Regenwald leben aber auch Menschen.
Sie sind die Nachfahren der Ureinwohner.

Die meisten Menschen leben
zusammen in kleineren Dörfern.
Sie wohnen in einfachen Hütten aus Holz.
Die Dächer sind mit Palmwedeln gedeckt.
Die Menschen leben vom Ackerbau
und vom Fischfang.

Hast du gewusst ...

... dass viele Kinder am Amazonas
mit dem Kanu zur Schule paddeln?
Das klingt für uns wie ein Abenteuer.
Für sie ist das ganz normal.

Leben wie früher

In manchen Regionen gibt es Stämme,
die immer noch leben wie die Ureinwohner
vor vielen Tausend Jahren.
Sie sammeln essbare Wurzeln,
Pflanzen oder Beeren
und gehen auf die Jagd.

Auch die Bräuche ihrer Vorfahren
sind ihnen sehr wichtig.
Die Alten geben ihr Wissen
an die Jungen weiter.

Manche dieser Stämme leben
sogar ganz für sich.
Sie haben überhaupt keinen Kontakt
zur Außenwelt.

Ein Fest wird gefeiert.
Dafür haben sich
die Menschen
traditionell bemalt
und geschmückt.

Eine Stadt im Regenwald

Hättest du gedacht,
dass es mitten im Regenwald
auch Städte gibt?

Die größte Stadt heißt Manaus.
Sie liegt in Brasilien,
mitten im Amazonas-Regenwald.
Hier wohnen fast zwei Millionen Menschen.

Aus dem restlichen Brasilien
kann man die Großstadt
nur mit dem Flugzeug
oder mit dem Schiff erreichen.

Früchte aus dem Regenwald

Im Regenwald wachsen
viele verschiedene Früchte.

Bestimmt kennst du Ananas und Bananen.
Vielleicht hast du auch schon einmal
eine Maracuja probiert.
Auch die Kakaopflanze, der Kaffeebaum
oder die Vanilleorchidee
kommen aus dem Regenwald.

Schokolade oder Kaffee sind für uns
fast alltägliche Lebensmittel.
Aber die Zutaten dafür
wachsen bis heute nur in
Südamerika, Afrika und Asien.

Bananenplantage

Große Plantagen

Damit es genug Bananen, Kaffee
und Ananas für die ganze Welt gibt,
werden sie auf Plantagen angebaut.
Das sind riesige Flächen,
auf denen immer nur
eine bestimmte Frucht wächst.

Für den Regenwald
sind diese Plantagen schädlich.
Um genügend Platz zu haben,
müssen viele Bäume gefällt werden.
So verlieren die Tiere,
die dort leben,
ihr Zuhause.

Der Regenwald steckt überall

In vielen Produkten, die wir nutzen, ist oft auch ein kleines Stückchen Regenwald mit drin.

Ölpalme

Aus Tropenholz werden Papier und Möbel hergestellt. Viele Produkte im Supermarkt enthalten Palmöl. Das ist ein besonders billiges Pflanzenöl. Es wird aus tropischen Palmen gewonnen.

Auch Sojabohnen werden hier angebaut. Sie dienen vor allem als Viehfutter und stecken auch in Sojadrinks und Tofu.

Für die Viehzucht werden große Teile des Regenwalds zerstört. Sie werden als Weideflächen gebraucht.

Es brennt im Regenwald.
Durch das Feuer werden
große Flächen des Waldes
zerstört.

Gefahr für den Regenwald

Mit den Produkten aus dem Regenwald
kann man viel Geld verdienen.
Die großen, alten Bäume werden gefällt
und zu Holz oder Papier verarbeitet.
Viele Waldflächen werden außerdem
mit Feuer gerodet, also abgeholzt.

Die Asche macht den kargen Boden
erst einmal fruchtbar.
Doch schon nach wenigen Ernten
enthält er fast keine Nährstoffe mehr.
Dann müssen wieder neue Flächen
gerodet werden.

Der Regenwald und das Klima

In jeder Minute wird im Regenwald
eine Waldfläche zerstört,
die so groß ist wie 30 Fußballfelder.
So wird der Lebensraum
für die Menschen und Tiere
immer kleiner.

Durch das Verbrennen der Bäume
wird sehr viel Kohlendioxid frei,
das vorher im Wald gespeichert war.
Wenn es weniger Bäume gibt,
wird der Wasserkreislauf
über dem Regenwald gestört.
Auch deshalb wird es auf der Erde
mit der Zeit immer wärmer.
Das Klima verändert sich.

Hier wurde der Wald mit Feuer gerodet.

Auf dem Wochenmarkt gibt es Obst und Gemüse aus deiner Nähe.

Alle helfen mit

Jeder kann ein bisschen helfen,
den Regenwald zu schützen.
Verzichte zum Beispiel
auf Produkte mit Palmöl.
Es steckt meist in Fertigprodukten.

Es gibt viele leckere Lebensmittel,
die aus deiner Region kommen.
So müssen Obst und Gemüse
keine weiten Wege zurücklegen.

Male doch einfach mal
auf Umweltpapier.
Wenn Papier recycelt wird,
müssen dafür keine Bäume
aus dem Regenwald gefällt werden.

Malen auf Umweltpapier

Schutz für den Regenwald

Auch in Getränkedosen oder Alufolie
steckt ein Stückchen Regenwald.
Denn um Aluminium herzustellen,
benötigt man das Erz Bauxit.
Und das findet man rund um den Äquator.

Und auch wenn du mit dem Fahrrad
statt mit dem Auto fährst,
schützt du den Regenwald
ein kleines Stück.
Denn in manchen Kraftstoffen
findet man günstige Pflanzenöle.
Und die kommen meist
aus tropischen Wäldern.

Mit dem Fahrrad bist du immer umweltfreundlich unterwegs.

Sag mal, Toni ...

... das ist ja wirklich spannend im Regenwald!

Ja, das stimmt! Viele Tiere und Pflanzen haben Forscher noch gar nicht entdeckt! Hinter jedem Ast und jedem Baum könnte es einen Schmetterling oder eine kleine Pflanze geben, die vorher noch nie jemand gesehen hat!

Welches Tier findest du besonders interessant?

Ich finde die Baumsteigerfrösche super. Natürlich auch, weil sie so schön bunt sind. Genau wie mein Schnabel. Diese Frösche leben auf den Bäumen. Sie baden in Pflanzentrichtern, die das Regenwasser auffangen. Ganz schön schlau, oder?

Machst du dir Sorgen um den Regenwald?

Ja, ich mache mir große Sorgen! Es werden so viele Flächen abgebrannt und zerstört! Das bedeutet natürlich auch weniger Lebensraum für mich und meine Freunde. Und auch für euch Menschen ist das schlimm. Denn dadurch wird die Erde immer wärmer und das Klima ändert sich.

Was hast du heute noch vor?

Ich spiele nachher noch mit den anderen Tukanen. Wir treffen uns in den höchsten Baumwipfeln im Wald. Da fechten wir mit unseren Schnäbeln und werfen uns gegenseitig Beeren zu. Und die Aussicht ist dort oben super!

Danke, Toni!
Und viel Spaß mit deinen Freunden!

Tonis großes Lesequiz

1 Warum regnet es im Regenwald?

a) Weil hier immer schlechtes Wetter ist.

b) Weil es hier besonders kalt ist.

c) Weil die Sonne hier so stark ist und deshalb so viel Wasser verdunstet.

2 Welches ist der größte Regenwald?

a) Der Nebelbergwald.

b) Der Amazonas-Regenwald.

c) Der australische Regenwald.

3 Welche Tiere gibt es nur auf Madagaskar?

a) Fingertiere und Lemuren.

b) Berggorillas und Chamäleons.

c) Flussdelfine und Krokodile.

Lösung: 1c), 2b), 3a)

4 Wie nennt man die Wurzeln der Baumriesen?

a) Brettwurzeln

b) Riesenwurzeln

c) Balkenwurzeln

5 Wie nennt man die Baumriesen, die aus dem Blätterdach herausragen?

a) Überläufer

b) Überständer

c) Hochständer

6 Wie heißt der Laufvogel mit dem helmartigen Horn?

a) Kasuar

b) Emu

c) Strauß

Lösung: 4a), 5b), 6a)

7 Wo schlafen Orang-Utans?

a) In Sträuchern auf dem Boden.

b) In Nestern in den Bäumen.

c) In alten Baumhöhlen.

8 Mit wem ist das Wasserschwein verwandt?

a) Mit dem Wildschwein.

b) Mit dem Hausschwein.

c) Mit dem Meerschweinchen.

9 Wie warnt das Erdbeerfröschchen seine Feinde?

a) Es quakt laut.

b) Seine Farbe ist sehr grell
und soll sagen: „Vorsicht!“

c) Es warnt sie gar nicht.

Lösung: 7b), 8c), 9b)

10 Was ist die Bienenelfe?

a) Eine besonders kleine Biene.

b) Der kleinste Kolibri der Welt.

c) Ein besonders bunter Schmetterling.

11 Wann verlässt ein Faultier seinen Baum?

a) Wenn es zu heiß ist.

b) Wenn es zu viel regnet.

c) Wenn es mal muss.

12 Wie heißt die größte Stadt im Regenwald?

a) Moskau

b) Manaus

c) Madrid

Lösung: 10b), 11c), 12b)

Bildquellennachweis

Archiv Tessloff: 1, 2u, 7ur, 8-9u, 9or, 11mr, 14ur, 19or, 26ur, 30mr, 34ur, 39, 42ur, 45o, 52ur, 57or, 58-59om, 60or; **Flickr:** 17um (CC BY-SA 2.0 - Fingertier/anmede); **picture alliance:** 43ur (dpa|Michael Schöner); **Shutterstock:** 4-5Hg. (Chokniti Khongchum), 6u (Teo Tarras), 7o (Unai Huizi Photography), 10ur (Gwoeii), 11or (haveseen), 12or (Imagentle), 12ur (Cavan-Images), 13mr (hagit berkovich), 14ul (Mari-Leaf), 15or (worldclassphoto), 16mr (DSlight_photography), 16ur (Ondrej Prosicky), 17or (Jurgen Vogt), 17ur (Lemur: KAMONRAT), 18ol (Katesalin Pagkaihang), 18mr (Frank Fichtmueller), 18ur (S.Borisov), 20-21Hg. (biletskiyevgeniy.com), 22-23Hg. (VectorMine), 22ml (abxyz), 22um (GUDKOV ANDREY), 23ol (Emilian Danaila), 23mr (Flying Mouse), 23ul (Tibor Toth), 24u (Ken Griffiths), 25or (Poring Studio), 25ur (Torsten Pursche), 26o (tarake), 27ul (belizar), 27ur (COULANGES), 28ml (Spannerraupe: Reimar), 28ul (Blattheuschrecke: Maiapassarak), 28um (Natter: fivespots), 28ur (Korallenschlange: Ryan M. Bolton), 29o (Ondrej Prosicky), 30o (kungverylucky), 31or (Vaclav Sebek), 31ul (Alfredo Maiquez), 32ml (Ken Griffiths), 32ur (Longjourneys), 33or (Zaruba Ondrej), 33ml (Xavier MARCHANT), 33ur (Sunti), 34ol (Sorn340 Studio Images), 35or (Olaf Oczko), 35ur (Miguel Lincango), 36um (Diegomezr), 36ur (guentermanaus), 37or (Ondrej Prosicky), 38r (AVETPHOTOS), 40or (EQRoy), 40ul (Elmar Langle), 40ur (kamomeen), 41o (Yuri Gurevich), 42or (Dirk Ercken), 43or (Kitty Bern), 44or (Melinda Fawver), 44ul (Anna ART), 46-47Hg. (Ammit Jack), 48or (Yasemin Olgunoz Berber), 48ur (Daniel Gjula-Lyonnais), 49ur (Joa Souza), 50ol (Anna ART), 50or (pingebat), 51ul (Bananenstaude: leungchopan), 51um (Kaffeebaum: Thongden Studio), 51ur (Vanillepflanze: Kletr), 51ur (Vanilleblüte: Kovaleva_Ka), 51um (Banane: bergamont), 51um (Kaffeebohne: Anucha Tiemsom), 52o (natthawut ngoensanthia), 53or (ULKASTUDIO), 53ul (CYSUN), 54o (Toa55), 55u (Thammanoon Khamchalee), 56ol (bellena), 56ur (aga7ta), 57u (Monkey Business Images), 61ur (Torsten Pursche), 62m (tarake), 63mr (kungverylucky)
Umschlagfotos: Shutterstock: U1 (Martin Pelanek), U4 (Curioso.Photography)

Text: Christina Braun
Lektorat: Sonja Meierjürgen
Illustrationen: Marie Gerstner
Bildredaktion: Katja Filler
Gestaltung: Ruth Koch
Umschlaggestaltung: Ruth Koch

Burgschmietstraße 2–4, 90419 Nürnberg
www.tessloff.com

ISBN 978-3-7886-7671-1

WAS IST WAS
Erstes LESEN
Band 1
Wale und Delfine
ORIGINAL
TESSLOFF

WAS IST WAS
Erstes LESEN
Band 2
Planeten
ORIGINAL
TESSLOFF

WAS IST WAS
Erstes LESEN
Band 3
Vulkane
ORIGINAL
TESSLOFF

WAS IST WAS
Erstes LESEN
Band 4
Natur entdecken
ORIGINAL
TESSLOFF

WAS IST WAS
Erstes LESEN
Band 5
Bienen
ORIGINAL
TESSLOFF

WAS IST WAS
Erstes LESEN
Band 6
Wald
ORIGINAL
TESSLOFF

WAS IST WAS
Erstes LESEN
Pferde und Ponys
ORIGINAL
TESSLOFF

WAS IST WAS
Erstes LESEN
Band 8
Wetter
ORIGINAL
TESSLOFF

WAS IST WAS
Erstes LESEN
Band 9
Polargebiete
ORIGINAL